Livro da Bolsa de Valores dos EUA para iniciantes
Guia de investimento para aprender & Compreender os princípios básicos

Por Brian Mahoney

Índice

Introdução

Capítulo 1 Os fundamentos do mercado de acções

Capítulo 2 As vantagens e os riscos de investir

Capítulo 3 Preparar-se para o sucesso

Capítulo 4 Tipos de investimentos no mercado de acções

Capítulo 5 Construir a sua estratégia de investimento

Capítulo 6 Analisar as acções - Como tomar decisões de investimento informadas

Capítulo 7 Gestão do risco e diversificação do portefólio

Capítulo 8 O poder da consistência - Construir riqueza a longo prazo

Capítulo 9 Estratégias fiscais e maximização do retorno do investimento

Capítulo 10 Juntar tudo - O seu roteiro para o sucesso do investimento

Conclusão Glossário de termos

Equipamento e material de software necessários para começar

Recursos

Declaração de exoneração de responsabilidade

As informações fornecidas neste livro destinam-se apenas a fins educacionais e não devem ser consideradas como conselhos financeiros ou de investimento. As estratégias, técnicas e opiniões aqui partilhadas baseiam-se em conhecimentos gerais e na experiência pessoal. Investir no mercado de acções envolve riscos, incluindo a potencial perda de capital. O desempenho passado não é indicativo de resultados futuros.

O autor, a editora e quaisquer partes associadas não são responsáveis por quaisquer decisões de investimento tomadas com base nas informações contidas neste livro. Antes de tomar qualquer decisão financeira, os leitores devem consultar um consultor financeiro qualificado ou fazer a sua própria pesquisa completa para garantir que as suas escolhas de investimento estão de acordo com os seus objectivos financeiros e tolerância ao risco.

Ao utilizar este livro, o utilizador reconhece que compreende os riscos envolvidos no investimento e que qualquer ação tomada com base no conteúdo fornecido fica exclusivamente ao seu critério.

Introdução

Bem-vindo ao mundo do investimento no mercado de acções, onde as oportunidades de crescimento financeiro e independência aguardam aqueles que estão dispostos a aprender, planear e agir. Quer esteja aqui porque está cansado de ver as suas poupanças crescerem a um ritmo de caracol numa conta bancária tradicional, quer porque ouviu histórias de sucesso de pessoas que construíram riqueza investindo no mercado de acções, este livro é a sua porta de entrada para um futuro financeiro melhor.

Se a ideia de investir parece esmagadora - cheia de jargão críptico, gráficos flutuantes e riscos intimidantes - não está sozinho. Muitos principiantes sentem o mesmo no início. No entanto, com a orientação correta e uma sólida compreensão dos princípios básicos, em breve perceberá que o mercado de acções não é tão misterioso como parece. De facto, é um dos métodos mais acessíveis e comprovados de construir riqueza a longo prazo, independentemente do seu ponto de partida.

Este livro foi concebido especificamente para principiantes como você. A nossa missão é decompor o mundo aparentemente complexo do investimento em passos práticos e fáceis de gerir que pode adotar imediatamente. Não precisa de uma licenciatura em finanças ou de uma formação em economia para começar. Tudo o que precisa é de curiosidade, empenho e vontade de aprender.

Eis o que pode esperar quando embarcarmos juntos nesta viagem:

    Conhecimentos básicos: Aprenderá os princípios fundamentais de como funciona o mercado de acções, porque é que as empresas emitem acções e como é que os investidores como você podem beneficiar.

    Estratégias claras: Iremos explorar vários tipos de investimentos - como acções individuais, fundos mútuos, ETFs e outros - para que possa tomar decisões informadas com base nos seus objectivos e tolerância ao risco.

    Ferramentas e técnicas: Desde a compreensão das demonstrações financeiras até à utilização de plataformas de negociação, obterá as competências práticas para navegar com confiança no mercado.

Mentalidade para o sucesso: Investir com sucesso não é apenas uma questão de números - é uma questão de disciplina, paciência e uma perspetiva de longo prazo. Iremos discutir como desenvolver a mentalidade correta para se manter no caminho certo.

Acima de tudo, este livro dá ênfase à simplicidade. Não precisa de perseguir todas as novas tendências ou fazer day trade obsessivamente para ter sucesso. Em vez disso, aprenderá estratégias testadas pelo tempo que se concentram num crescimento estável e sustentável. Investir é uma maratona, não uma corrida de velocidade, e este livro irá equipá-lo com as ferramentas para manter o rumo e atingir os seus objectivos financeiros.

No final deste livro, não só compreenderá a mecânica do mercado de acções, como também se sentirá confiante para dar os primeiros passos como investidor. Quer pretenda construir um fundo de reforma, poupar para um acontecimento importante da vida ou simplesmente aumentar a sua riqueza, os conhecimentos aqui adquiridos servirão de base para o sucesso.

Então, vamos começar. A sua viagem rumo à autonomia financeira começa agora.

Capítulo 1:
Os fundamentos do mercado de acções

1.1 O que é a Bolsa de Valores?

Definição: Um mercado onde compradores e vendedores transaccionam acções de empresas de capital aberto.

Objetivo: Ajudar as empresas a obter capital, proporcionando aos investidores oportunidades de obterem rendimentos.

Analogia: O mercado de acções como um supermercado para a propriedade de empresas.

1.2 Como funciona o mercado de acções

Bolsas de valores: Plataformas centralizadas, como a Bolsa de Valores de Nova Iorque (NYSE) e a NASDAQ, onde s e efectuam as transacções.

Participantes no mercado:
Investidores: Indivíduos, instituições e governos. Corretores: Intermediários que ligam compradores e vendedores.

Criadores de mercado: Entidades que asseguram a liquidez através da cotação constante dos preços de compra e venda.

Horário de negociação: Horários típicos de negociação no mercado de acções (por exemplo, 9:30 AM a 4:00 PM ET nos EUA).

1.3 Conceitos-chave a conhecer

Acções: Unidades de propriedade de uma empresa.

Preços das acções: Determinado pela oferta, procura e sentimento do investidor.

Capitalização de mercado: O valor total das acções de uma empresa, indicando a sua dimensão.

Índices: Índices de referência como o S&P 500, Dow Jones e NASDAQ Composite que acompanham o desempenho global do mercado.

1.4 Porque é que as empresas abrem o capital

Oferta pública inicial (IPO): A primeira venda de acções de uma empresa ao público para angariar fundos.

Vantagens para as empresas: Acesso a capital para crescimento, reembolso de dívidas ou aquisições.

O que significa para os investidores: As IPOs são oportunidades para comprar um crescimento em fase inicial.

1.5 Tipos de mercados de acções

Mercado primário: Onde são emitidas novas acções (por exemplo, durante uma IPO).
Mercado secundário: Onde as acções previamente emitidas são negociadas entre os investidores.

1.6 Os actores da bolsa

Investidores de retalho: Indivíduos comuns que compram acções através de corretores ou plataformas online.
Investidores institucionais: Grandes organizações como fundos de pensões, fundos de investimento e fundos de cobertura.
Reguladores: Organismos como a Securities and Exchange Commission (SEC) que garantem práticas justas e transparentes.

1.7 Perspetiva histórica do mercado de acções

As origens: Os primórdios da negociação de acções em Amesterdão e a criação da NYSE em 1792.
Principais marcos: A Grande Depressão, a bolha dot-com e as crises financeiras que moldaram o investimento moderno.
Evolução tecnológica: Do pregão às transacções digitais de alta velocidade.

1.8 Porque é que o mercado de acções é importante para si

Crescimento financeiro pessoal: Construir riqueza ao longo do tempo através da capitalização.
Indicador económico: Reflecte a saúde das indústrias e das economias.
Acesso à inovação: Investir em indústrias de ponta e em empresas em fase de arranque que estão a moldar o futuro.

1.9 Desfazer mitos comuns

"O mercado de acções é apenas um jogo."
Contraponto: O investimento baseia-se na investigação e na estratégia, ao contrário dos jogos de azar.

"É preciso ser rico para investir".
Contraponto: As plataformas permitem atualmente começar com apenas $5.

"É demasiado complicado para principiantes."
Contraponto: A educação e as estratégias simples tornam-no acessível.

Conclusão:

Ao compreender os fundamentos do mercado de acções, está a dar o primeiro passo para se tornar um investidor confiante. O próximo capítulo explorará os benefícios e os riscos, ajudando-o a decidir como investir está de acordo com os seus objectivos.

Capítulo 2: As vantagens e os riscos do investimento

2.1 As potenciais recompensas do investimento

O investimento no mercado de acções pode proporcionar vantagens significativas quando abordado de forma sensata:

Construção de riqueza ao longo do tempo:

    Exemplo: Rendimentos médios históricos de 7-10% por ano para o S&P 500.
Explicação de como os juros compostos amplificam os rendimentos ao longo de décadas.

Vencer a inflação:

    Porque é que só a poupança não é suficiente; o mercado de acções ajuda a preservar e a aumentar o poder de compra.

Geração de rendimentos:

    Acções que pagam dividendos como fonte de rendimento passivo.

Propriedade em empresas:

    Como a compra de acções o torna um coproprietário da empresa, beneficiando do seu sucesso.

Flexibilidade e liquidez:

    As acções podem ser vendidas ao valor de mercado, oferecendo liquidez em comparação com outros investimentos, como o imobiliário.

2.2 Compreender os riscos do investimento na bolsa de valores

Todas as oportunidades têm potenciais desvantagens. A consciencialização e a preparação são fundamentais:

Volatilidade do mercado:

    Os preços podem subir e descer acentuadamente devido a notícias, condições económicas ou sentimento dos investidores.

Exemplo: Quedas durante eventos como a crise financeira de 2008 ou a pandemia de 2020.

Riscos específicos da empresa:

A má gestão, a concorrência ou os escândalos podem fazer com que as acções individuais caiam a pique.

Riscos económicos:

Recessões, alterações das taxas de juro e acontecimentos geopolíticos que afectam sectores ou mercados inteiros.

Risco de liquidez:

Algumas acções mais pequenas podem ser difíceis de vender rapidamente sem afetar o seu preço.

Investimento emocional:

O medo e a ganância conduzem a más decisões, como a venda em pânico durante as quedas do mercado.

2.3 Equilíbrio entre risco e recompensa

A relação risco-rendimento:

Os rendimentos potenciais mais elevados implicam frequentemente riscos mais elevados.

Exemplo: Comparar acções mais seguras de empresas de primeira linha com acções especulativas de alto risco.

O papel do tempo:

Como o investimento a longo prazo atenua a volatilidade a curto prazo.

Ênfase na paciência e na disciplina.

A diversificação como escudo:

Repartição dos investimentos por sectores e classes de activos para reduzir o risco.

2.4 Gerir o risco de forma eficaz

Estratégias acionáveis para minimizar a exposição a perdas:

Alocação de activos:

Distribuir os investimentos entre acções, obrigações e dinheiro com base nos seus objectivos e tolerância ao risco.

Diversificação da carteira:

Evitar a concentração numa ação, sector ou região geográfica. Exemplo: Uma carteira equilibrada com tecnologia, cuidados de saúde, bens de consumo e acções de energia.

Definir ordens Stop-Loss:

Automatizar as vendas se os preços das acções descerem para um nível pré-definido para limitar as perdas.

Evitar o efeito de alavanca:

Riscos de pedir dinheiro emprestado para investir.

Educar-se a si próprio:

Manter-se informado sobre o mercado e as tendências actuais.

2.5 Alinhamento do risco com o seu perfil pessoal

Avaliação da tolerância ao risco:
Perguntas para determinar se é conservador, moderado ou agressivo.
Exemplo: Como se sentiria se a sua carteira caísse 20% numa semana?
Considerações sobre a fase de vida:
Os investidores mais jovens podem assumir mais riscos para crescer a longo prazo.
Os reformados podem dar prioridade à estabilidade e ao rendimento.

2.6 Estudos de casos: Equilíbrio entre risco e recompensa

História de sucesso:

Um jovem investidor que utiliza fundos de índice para construir património ao longo de 30 anos.

Conto de advertência:

Um operador especulativo que perde dinheiro ao perseguir "dicas quentes" sem investigação.

Conclusão:

O investimento no mercado de acções oferece enormes recompensas, mas tem riscos inerentes. Compreender estes riscos e saber como geri-los permite-lhe tomar decisões informadas e confiantes. O próximo capítulo irá guiá-lo na criação de uma base sólida para investir, começando com objectivos claros e as ferramentas certas.

Capítulo 3: Preparar-se para o sucesso

3.1 Definir os seus objectivos financeiros

Antes de investir, é fundamental estabelecer objectivos claros. Considere estes objectivos comuns:

Objectivos a curto prazo: Poupar para um carro, férias ou fundo de emergência (prazo: 1-3 anos).

Tipos de investimento: Contas de poupança de alto rendimento ou ETFs conservadores.

Objectivos a médio prazo: Comprar uma casa, financiar os estudos ou iniciar um negócio (prazo: 3-10 anos).

Tipos de investimento: Mistura equilibrada de acções e obrigações.

Objectivos a longo prazo: Reforma ou construção de património (prazo: 10+ anos).

Tipos de investimento: Fundos de índice de base ampla, acções de crescimento e acções que pagam dividendos.

Passo de ação: Escreva os seus objectivos com prazos para clarificar o seu objetivo de investimento.

3.2 Avaliar a sua tolerância ao risco

Compreender qual o nível de risco que se sente confortável em assumir é fundamental para construir uma carteira que lhe seja adequada:

Níveis de tolerância ao risco:

Conservador: Dar prioridade à preservação do capital com rendimentos mais baixos.

Moderado: Disposto a aceitar um risco moderado para um crescimento equilibrado.

Agressivo: Confortável com a volatilidade para obter retornos potenciais mais elevados.

Factores que influenciam a tolerância ao risco:

Idade: Os investidores mais jovens têm normalmente uma maior tolerância ao risco devido a horizontes temporais mais alargados.

Estabilidade do rendimento e obrigações financeiras: Um rendimento estável permite um risco mais elevado.

Personalidade: A forma como lida com o stress durante as recessões do mercado.

Passo de ação: Fazer um teste de tolerância ao risco para avaliar o seu nível de conforto.

3.3 Criação de um fundo de emergência

Antes de investir, certifique-se de que dispõe de uma rede de segurança financeira:

Porque é que é essencial: Protege-o da necessidade de vender investimentos em situações de emergência.

Quanto poupar: 3-6 meses de despesas de subsistência numa conta de elevada liquidez e baixo risco.

Onde guardá-lo: Contas de poupança de alto rendimento ou fundos do mercado monetário.

Passo de ação: Calcule as suas despesas mensais e comece a criar o seu fundo de emergência, se ainda não o tiver.

3.4 Escolher a conta de corretagem correta

A sua conta de corretagem é a sua porta de entrada para o mercado de acções. Principais considerações:

Tipos de contas:

Conta de corretagem padrão: Oferece flexibilidade sem restrições para levantamentos.

Contas de reforma: Contas com vantagens fiscais, como IRAs ou 401(k)s, para objectivos a longo prazo.

Caraterísticas a ter em conta:

Taxas e comissões baixas

Plataformas de fácil utilização

Acesso a ferramentas de investigação e recursos educativos

Disponibilidade do serviço de apoio ao cliente

Corretores online populares para iniciantes:

Fidelity, Charles Schwab, TD Ameritrade, Robinhood e E*TRADE.

Passo de ação: Comparar corretores e escolher um que corresponda às suas necessidades.

3.5 Compreender os requisitos de investimento inicial

Começar com pouco: Muitos corretores permitem-lhe começar com apenas $5 utilizando acções fraccionadas.

Orçamento para investimentos: Atribuir uma percentagem do seu rendimento, como 10-20%, para investir.

Evitar a extensão excessiva: Investir apenas o que se pode dar ao luxo de perder sem afetar as suas despesas essenciais.

Passo de ação: Decidir o montante do seu investimento inicial e definir um objetivo de contribuição mensal.

3.6 Construir a mentalidade correta para o sucesso

Um investimento bem sucedido requer mais do que dinheiro; requer a mentalidade correta:

Paciência: Compreender que a construção de riqueza leva tempo.

Disciplina: Manter a sua estratégia, mesmo durante as flutuações do mercado.

Aprendizagem contínua: Manter-se curioso e informado sobre as tendências e estratégias do mercado.

Controlo emocional: Evitar decisões impulsivas motivadas pelo medo ou pela ganância.

Passo de ação: Comprometer-se a pensar a longo prazo, escrevendo afirmações sobre o seu percurso de investimento.

3.7 Configurar contribuições automáticas

Automatizar os seus investimentos simplifica o processo e garante a consistência:

Benefícios:

Elimina a tentação de controlar o mercado. Constrói

riqueza de forma estável ao longo do tempo.

Como automatizar:

Configure transferências recorrentes do seu banco para a sua conta de corretagem.

Utilizar robo-consultores para a gestão automatizada de carteiras.

Passo de ação: Configurar uma transferência mensal automática para a sua conta de corretagem.

3.8 Acompanhamento dos progressos e ajustamento dos objectivos

Os seus objectivos e circunstâncias financeiras podem mudar com o tempo. As revisões regulares ajudam-no a manter-se no caminho certo:

Acompanhar o desempenho da carteira: Compare os retornos com os seus objectivos de referência.

Revisitar os objectivos: Ajustar os prazos ou as contribuições conforme necessário.

Mantenha-se flexível: Esteja preparado para alterar as estratégias com base nas mudanças da vida.

Passo de ação: Agendar reuniões trimestrais para rever os seus objectivos e a sua carteira.

Conclusão:

Ao definir objectivos claros, preparar-se financeiramente e escolher as ferramentas certas, está a estabelecer uma base sólida para o sucesso no mercado de acções. O próximo capítulo abordará os vários tipos de investimento disponíveis para o ajudar a diversificar e otimizar a sua carteira.

Capítulo 4: Tipos de Investimentos na Bolsa de Valores

4.1 Acções ordinárias

Definição: Uma ação que representa a propriedade de uma empresa, com direito de voto nas assembleias de acionistas.

Caraterísticas principais:

Oferece potencial de valorização do capital à medida que a empresa cresce.

Pode pagar dividendos, mas não é garantido.

Exemplo: Apple (AAPL) ou Tesla (TSLA).

Prós:

Elevado potencial de crescimento.

Os direitos de voto dão aos acionistas uma palavra a dizer nas principais decisões da empresa.

Contras:

Maior risco de volatilidade dos preços.

Os pagamentos de dividendos podem flutuar ou cessar durante dificuldades financeiras.

4.2 Acções preferenciais

Definição: Um tipo de ação que oferece pagamentos de dividendos fixos e prioridade sobre os acionistas comuns em caso de liquidação.

Caraterísticas principais:

Normalmente, não confere direito de voto.

Rendimento mais estável em comparação com as acções ordinárias.

Prós:

Rendimento de dividendos fiável.

Volatilidade inferior à das acções ordinárias.

Contras:

Potencial de crescimento limitado em comparação com as acções ordinárias. Menor liquidez no mercado.

4.3 Fundos negociados em bolsa (ETFs)

Definição: Fundos de investimento que transaccionam em bolsas de valores, detendo uma carteira diversificada de activos.

Caraterísticas principais:

Acompanha índices (por exemplo, S&P 500), sectores ou temas específicos.

Exemplo: SPDR S&P 500 ETF (SPY) ou Vanguard Total Stock Market ETF (VTI).

Prós:

Diversificação instantânea.

Baixos rácios de despesas e comissões de gestão. Fácil

de comprar e vender como acções individuais.

Contras:

Não há controlo sobre os activos individuais do fundo.

Potencial limitado de ganhos excessivos em comparação com a seleção individual de acções.

4.4 Fundos Mútuos

Definição: Fundos de investimento que reúnem dinheiro de vários investidores para investir numa carteira de activos gerida profissionalmente.

Caraterísticas principais:

Geridos ativamente por gestores de fundos.

Exemplo: Fidelity Contrafund ou Vanguard 500 Index Fund.

Prós:

A gestão profissional simplifica o investimento. A diversificação

reduz o risco.

Contras:

Taxas mais elevadas do que as dos ETF.

O desempenho do fundo pode não ser consistentemente superior ao do mercado.

4.5 Fundos de índice

Definição: Um tipo de fundo mútuo ou ETF que acompanha um índice de mercado específico, como o S&P 500 ou o NASDAQ.

Caraterísticas principais:

Gerido de forma passiva para refletir o desempenho do índice.

Prós:

Taxas extremamente baixas.

Rendimentos historicamente fiáveis a longo prazo.

Contras:

Limitado ao desempenho do índice que acompanha.

Não há flexibilidade para ajustar as participações durante as alterações do mercado.

4.6 Acções que pagam dividendos

Definição: Acções de empresas que distribuem regularmente uma parte dos seus lucros aos acionistas sob a forma de dividendos.

Caraterísticas principais:

Exemplos: Coca-Cola (KO) ou Procter & Gamble (PG). Os dividendos podem ser reinvestidos para aumentar o crescimento.

Prós:

Fluxo de rendimento fiável, mesmo em períodos de recessão do mercado. Potencial de rendimento e de valorização do capital.

Contras:

Os pagamentos de dividendos não são garantidos.

Menor potencial de crescimento em comparação com as acções de elevado crescimento.

4.7 Acções de crescimento

Definição: Acções de empresas que se espera que aumentem os lucros a uma taxa acima da média em comparação com o mercado.

Caraterísticas principais:

Exemplos: Amazon (AMZN) ou Nvidia (NVDA).

Muitas vezes reinvestem os lucros na expansão em vez de pagarem dividendos.

Prós:

Elevado potencial para ganhos de capital significativos.

Representa indústrias inovadoras e de elevado desempenho.

Contras:

Maior risco e volatilidade.

O retorno pode demorar anos a concretizar-se.

4.8 Acções de valor

Definição: Acções negociadas a um preço mais baixo em relação aos seus fundamentos (por exemplo, lucros, dividendos).

Caraterísticas principais:

Exemplos: JPMorgan Chase (JPM) ou Berkshire Hathaway (BRK.A).

Muitas vezes, são empresas maduras com rendimentos estáveis.

Prós:

Potencial de valorização do preço à medida que o mercado "corrige" a subavaliação.

Menor risco de queda em comparação com as acções especulativas.

Contras:

O crescimento pode ser mais lento do que a média do

mercado. Requer paciência para ver os retornos.

4.9 Investimentos sectoriais específicos

Definição: Investimentos concentrados em sectores específicos como a tecnologia, os cuidados de saúde, a energia ou o imobiliário.

Caraterísticas principais:

Exemplos: ETFs de tecnologia ou Real Estate Investment Trusts (REITs).

Prós:

Permite a seleção de sectores de elevado crescimento ou de elevada

procura. Aumenta a diversificação da carteira.

Contras:

Risco concentrado num único sector. Vulnerável a

recessões específicas do sector.

4.10 Equilibrar a sua carteira com diferentes tipos

Porque é que a diversificação é importante: Distribuir os seus investimentos por vários tipos reduz o risco global.

Exemplo de afetação da carteira para principiantes:

60% em fundos de índice ou ETFs.

20% em acções que pagam

dividendos. 10% em acções de

crescimento.

10% em investimentos sectoriais específicos.

Passo de ação: Comece por selecionar 1-2 tipos de investimento que correspondam aos seus objectivos e aumente gradualmente à medida que ganha confiança.

Conclusão:

Compreender os diferentes tipos de investimentos no mercado de acções é o primeiro passo para criar uma carteira bem estruturada. O próximo capítulo ensiná-lo-á a desenvolver estratégias para combinar estes investimentos de acordo com os seus objectivos pessoais e tolerância ao risco.

Capítulo 5: Construir a sua estratégia de investimento

5.1 A importância de ter uma estratégia

Investir sem um plano claro é como navegar sem um mapa. Eis porque é que uma estratégia é crucial:

- Orienta as suas decisões: Mantém-no alinhado com os seus objectivos financeiros.

- Prepara-o para a volatilidade: Reduz a tomada de decisões emocionais durante as flutuações do mercado.

- Optimiza os seus recursos: Garante que o seu dinheiro está a trabalhar eficazmente para si.

Ideia-chave: Uma boa estratégia equilibra o risco e a recompensa enquanto se adapta às suas circunstâncias individuais.

5.2 Definir os seus objectivos de investimento

A sua estratégia começa com a definição dos seus objectivos.

- Objectivos a curto prazo: Objectivos dentro de 1-3 anos, tais como poupar para a entrada de uma casa.

    - Exemplo de estratégia: Concentrar-se em investimentos de baixo risco, como obrigações ou fundos do mercado monetário.

- Objectivos a longo prazo: Objectivos a 10+ anos de distância, como a reforma.

    - Exemplo de estratégia: Dar ênfase aos investimentos de crescimento, como acções e fundos de índice.

- Objectivos combinados: Equilibrar vários prazos com carteiras diversificadas.

Passo de ação: Escreva os seus objectivos e os prazos para os alcançar.

5.3 Determinar a sua afetação de activos

A afetação de activos é a forma como distribui os seus investimentos entre diferentes classes de activos, tais como acções, obrigações e numerário.

Porque é que é importante:

Controla o perfil de risco-retorno da sua carteira. Alinha-se

com os seus objectivos financeiros e tolerância ao risco.

Modelos de afetação comuns:

Agressivo: 80-90% em acções, 10-20% em obrigações/dinheiro.

Moderado: 60-70% em acções, 30-40% em obrigações/dinheiro.

Conservador: 30-50% em acções, 50-70% em obrigações/dinheiro.

Ajustar ao longo do tempo:

Mudar para alocações mais conservadoras à medida que se aproxima da reforma.

Exemplo de regra: A regra "110 menos a idade" - Subtraia a sua idade de 110 para determinar a percentagem de acções na sua carteira.

Passo de ação: Escolher uma afetação de activos que reflicta os seus objectivos e tolerância ao risco.

5.4 Diversificação: Repartir o risco pelos investimentos

A diversificação protege a sua carteira, reduzindo a dependência de um único investimento.

O que diversificar:

Em todas as classes de activos: Acções, obrigações, ETFs, imobiliário, etc.

Dentro das classes de activos: Investir em diferentes sectores, indústrias e regiões geográficas.

Porque é que funciona:

Um investimento com fraco desempenho é compensado por outros com melhor desempenho.

Exemplo: As acções do sector tecnológico podem cair, mas as acções do sector da saúde podem subir durante uma recessão.

Passo de ação: Construir uma carteira com uma mistura de activos e sectores para reduzir o risco global.

5.5 Escolher entre estratégias activas e passivas

Investimento ativo:

Envolve a compra e venda frequente de acções para superar o desempenho do mercado.

Requer investigação, tempo e conhecimentos significativos.

Exemplo: A seleção de acções ou o investimento em fundos geridos ativamente.

Investimento passivo:

Centra-se em acompanhar o desempenho do mercado em vez de o superar.

Exemplo: Investir em fundos de índice ou ETFs.

Qual é o mais adequado para si?

Os principiantes beneficiam frequentemente das estratégias passivas pela sua simplicidade e custos mais baixos.

Passo de ação: Decidir se prefere investimentos práticos (activos) ou não práticos (passivos).

5.6 Cálculo da média do custo do dólar: Uma abordagem amigável para iniciantes

O que é: Investir um montante fixo regularmente, independentemente das condições do mercado.

Como funciona:

Compra mais acções quando os preços estão baixos e menos quando os preços estão altos.

Reduz o impacto da volatilidade do mercado. Exemplo:

Investir $200 todos os meses num ETF.

Porque é que é eficaz:

Simplifica o investimento e elimina a tentação de controlar o mercado.

Passo de ação: Configurar contribuições automáticas para implementar o cálculo da média dos custos em dólares.

5.7 Reequilibrar a sua carteira

O que é: Ajustar periodicamente a sua carteira para manter a afetação de activos desejada.

Porque é que é importante:

Evita a sobre-exposição a uma única classe de activos.

Mantém os ganhos e garante o alinhamento com a sua tolerância ao risco.

Exemplo: Se as acções aumentarem de 60% para 75% da sua carteira, venda algumas acções ou adicione obrigações para reequilibrar.

Com que frequência se deve reequilibrar:

Anualmente ou quando as afectações se desviam significativamente do seu objetivo.

Passo de ação: Agendar uma revisão anual para reequilibrar a sua carteira.

5.8 Gerir as armadilhas emocionais

Evitar erros comuns:

Medo de ficar de fora (FOMO): Comprar acções que estão na moda.

Venda em pânico: Reagir emocionalmente às quedas do mercado.

Excesso de confiança: Assumir riscos excessivos após algumas

vitórias.

Estratégias para manter a disciplina:

Concentrar-se nos objectivos a longo

prazo.

Ignore o ruído diário do mercado e o sensacionalismo dos media.

Mantenha-se fiel ao seu plano, mesmo durante a volatilidade.

Passo de ação: Criar uma lista de controlo para se lembrar da sua estratégia a longo prazo durante a turbulência do mercado.

5.9 Estudos de caso: Aplicações do mundo real

Estudo de caso 1: Carteira de crescimento de um

principiante

Investidor: 30 anos a poupar para a reforma.

Estratégia: 80% em fundos de índice, 10% em ETFs sectoriais, 10% em obrigações.

Resultado: Crescimento constante ao longo de 10 anos através do cálculo da média dos custos em dólares.

Estudo de caso 2: Uma abordagem conservadora para um investidor

quase reformado: 60 anos de idade a preparar a reforma.

Estratégia: 40% em acções que pagam dividendos, 40% em obrigações, 20% em REITs.

Resultado: Rendimento consistente com um risco mínimo.

Conclusão:

Uma estratégia de investimento bem elaborada é o seu projeto para alcançar o sucesso financeiro. Ao definir objectivos claros, diversificar a sua carteira e gerir as emoções, pode navegar no mercado de acções com confiança. No próximo capítulo, analisaremos as acções e leremos os relatórios financeiros para tomar decisões de investimento informadas.

Capítulo 6: Análise de acções - Como tomar decisões de investimento informadas

6.1 A importância da análise de acções

Investir em acções não é um jogo de azar quando se aborda a questão com a informação certa. A análise das acções ajuda-o:

Compreender a saúde da empresa: Avaliar a solidez e a estabilidade financeiras.

Avaliar o potencial de crescimento: Identificar oportunidades de valorização do capital.

Gerir o risco: Evitar empresas sobrevalorizadas ou com fraco desempenho.

Ideia-chave: Um bom investidor é também um bom investigador.

6.2 Análise fundamental: Analisar os princípios básicos

A análise fundamental avalia o valor intrínseco de uma empresa através do exame do seu desempenho financeiro e comercial.

6.2.1 Compreender as demonstrações financeiras

Demonstração de resultados (Demonstração de lucros

e perdas):

Monitoriza as receitas, as despesas e o rendimento líquido.

Principais indicadores: Crescimento das receitas, margem de lucro líquido.

Exemplo: Uma empresa com receitas crescentes e margens estáveis apresenta rentabilidade.

Balanço:

Lista os activos, passivos e capital próprio de uma empresa.

Principais métricas: Rácio da dívida em relação ao capital próprio, rácio atual.

Exemplo: Uma empresa com uma dívida elevada em relação ao capital próprio pode ser financeiramente instável.

Demonstração dos fluxos de caixa:

Mostra como o dinheiro é gerado e utilizado.

Principais métricas: Fluxo de caixa livre, fluxo de caixa operacional.

Exemplo: Um fluxo de caixa positivo indica que a empresa pode sustentar as operações e o crescimento.

6.2.2 Principais rácios financeiros

Rácio preço/lucro (P/E):

Mede o preço das acções em relação aos lucros por ação (EPS).

Um P/E elevado pode indicar uma sobrevalorização; um P/E baixo pode indicar uma pechincha.

Rácio dívida/capital próprio (D/E):

Compara a dívida total com o capital próprio dos

acionistas. Rácios mais baixos sugerem

frequentemente estabilidade financeira.

Rendimento do capital próprio (ROE):

Mostra a eficácia com que a gestão utiliza o capital próprio para gerar lucros.

Um ROE mais elevado indica uma melhor eficiência.

Passo de ação: Utilizar recursos gratuitos como o Yahoo Finance ou o Morningstar para aceder a demonstrações financeiras e rácios.

6.3 Análise técnica: Compreender as tendências do mercado

A análise técnica centra-se nos movimentos dos preços das acções e no volume de transacções para identificar padrões.

6.3.1 Gráficos e padrões comuns

Gráficos de linhas: Acompanha o preço das acções ao longo do tempo; excelente para principiantes.

Gráficos de velas: Fornece informações detalhadas sobre os movimentos de preços num período específico.

Padrões-chave:

Cabeça e ombros: Indica uma potencial inversão de tendência. Fundo

Duplo: Sugere uma inversão de alta (para cima).

6.3.2 Indicadores técnicos populares

Médias móveis:

A média móvel simples (SMA) suaviza os dados de preços para uma visão mais clara da tendência.

Exemplo: O cruzamento da SMA de 50 dias acima da SMA de 200 dias é frequentemente um sinal de alta.

Índice de Força Relativa (RSI):

Mede as condições de sobrecompra ou sobrevenda (escala de 0-100).

RSI acima de 70: As acções podem estar sobre-compradas. RSI abaixo de 30:
As acções podem estar sobrevendidas.

Análise de volume:

O aumento do volume confirma a força de uma tendência de preços.

Passo de ação: Utilizar plataformas como o TradingView para praticar a leitura de gráficos e a aplicação de indicadores técnicos.

6.4 Análise Qualitativa: Para além dos números

Analisar os factores que afectam o sucesso a longo prazo de uma empresa, mas que nem sempre se reflectem nos dados financeiros.

6.4.1 Gestão e Liderança

Avaliar a experiência, a reputação e o historial dos executivos da empresa.

Exemplo: Um diretor executivo com um historial de reestruturações bem sucedidas pode indicar uma liderança forte.

6.4.2 Vantagem competitiva (Moat)

As empresas com produtos únicos, fidelidade à marca ou vantagens em termos de custos têm frequentemente um desempenho superior ao dos concorrentes.

Exemplo: O reconhecimento global da marca Coca-Cola é uma vantagem competitiva significativa.

6.4.3 Tendências do sector

Identificar sectores em crescimento e empresas bem posicionadas para beneficiar.
Exemplo: Prevê-se que as energias renováveis cresçam significativamente na próxima década.

Passo de ação: Ler relatórios anuais e notícias do sector para compreender os factores qualitativos.

6.5 Análise da avaliação de acções

Determinar se uma ação está sobrevalorizada, subvalorizada ou razoavelmente valorizada ajuda a orientar as decisões de compra.

6.5.1 Abordagem do valor intrínseco

Calcular o valor atual dos fluxos de caixa futuros de uma empresa.

Ferramentas: Análise do fluxo de caixa descontado (DCF).

6.5.2 Abordagem de avaliação relativa

Comparar as métricas de uma ação (por exemplo, rácio P/E) com os seus pares ou com as médias do sector.

Exemplo: Se o P/E da empresa A for 15 e a média do sector for 20, pode estar subavaliada.

6.5.3 Abordagem do sentimento do mercado

Considerar as condições mais amplas do mercado que influenciam os preços das acções.

Exemplo: As acções ficam frequentemente subvalorizadas durante as recessões devido a vendas baseadas no medo.

Passo de ação: Utilizar calculadoras em linha e relatórios de analistas para estimar as avaliações.

6.6 Ferramentas para análise de acções

Tirar partido da tecnologia e dos recursos para simplificar a análise de acções.

Ferramentas gratuitas:

Yahoo Finance: Demonstrações financeiras e dados de mercado.

Google Finance: Acompanhamento simplificado do desempenho.

Ferramentas Premium:

Morningstar: Relatórios de investigação aprofundada e classificações.

Terminal Bloomberg: Análise avançada (melhor para profissionais).

Recursos educativos:

Livros: O Investidor Inteligente, de Benjamin Graham.

Cursos online: Plataformas como a Udemy ou a Coursera oferecem cursos para principiantes.

Passo de ação: Escolher uma ou duas ferramentas para começar a praticar a análise de acções.

6.7 Estudo de caso: Analisar um stock real

Acções: Apple Inc. (AAPL).

Passo 1: Rever as demonstrações financeiras:

Crescimento das receitas: Crescimento consistente nos últimos 5 anos. Margem de lucro líquido: Forte em 25%, reflectindo a eficiência.

Passo 2: Aplicar rácios:

Rácio P/E: 28 (mais elevado do que a média do sector, o que sugere uma avaliação de qualidade).

ROE: 30% (indica uma utilização eficiente dos fundos próprios).

Etapa 3: Avaliar os factores qualitativos:

Forte lealdade à marca e uma carteira de produtos diversificada. A liderança de Tim Cook manteve a inovação.

Conclusão: Embora a Apple tenha um bom desempenho, a sua avaliação sugere uma subida limitada, a menos que o crescimento futuro acelere.

Conclusão

A análise de acções envolve uma mistura de avaliação quantitativa e qualitativa. Ao dominar estas técnicas, pode tomar decisões de investimento bem informadas e construir uma carteira adaptada aos seus objectivos. No próximo capítulo, exploraremos estratégias de gestão de risco para salvaguardar os seus investimentos.

Capítulo 7: Gerir o risco e diversificar o seu portefólio

7.1 Compreender o risco de investimento

O risco é uma parte inerente do investimento, mas a sua compreensão permite-lhe geri-lo eficazmente.

7.1.1 Tipos de risco

Risco de mercado: O risco de perdas devido a movimentos globais do mercado (por exemplo, descidas da bolsa).

Risco de crédito: O risco de incumprimento de pagamentos por parte de um emitente de obrigações.

Risco de liquidez: Dificuldade em vender um investimento sem afetar significativamente o seu preço.

Risco de inflação: O risco de a inflação corroer o poder de compra do seu investimento.

Risco de taxa de juro: O impacto da alteração das taxas de juro, especialmente nas obrigações.

7.1.2 Tolerância ao risco

A sua tolerância ao risco determina o nível de flutuação de valor que pode suportar.

Baixa tolerância ao risco: Concentrar-se em obrigações e activos estáveis.

Tolerância ao risco elevada: Mais confortável com acções e mercados voláteis.

Passo de ação: Responder a um questionário de tolerância ao risco em linha para compreender melhor o seu nível de conforto em relação ao risco.

7.2 O papel da diversificação na redução do risco

A diversificação distribui os seus investimentos por diferentes classes de activos, sectores e regiões geográficas para reduzir o risco.

7.2.1 Diversificar entre classes de activos

Acções: Proporcionam crescimento, mas são mais voláteis.

Obrigações: Oferecem estabilidade e rendimento, contrabalançando a volatilidade das acções.

Imobiliário (REITs): Adiciona outra camada de diversificação com potencial para retornos estáveis.

Equivalentes de caixa: Activos de baixo risco como os fundos do mercado monetário para liquidez.

7.2.2 Diversificação nas classes de activos

Acções: Investir em diferentes sectores (tecnologia, saúde, energia, etc.) e geografias (nacional vs. internacional).

Obrigações: Incluir uma mistura de obrigações governamentais, municipais e de empresas.

Exemplo: Uma carteira pode afetar 60% a acções (divididas entre tecnologia, saúde e energia), 30% a obrigações (divididas entre empresas e Estado) e 10% a REITs.

Passo de ação: Rever a sua carteira para garantir que está diversificada por sectores e regiões.

7.3 Gerir a volatilidade

A volatilidade refere-se ao grau de variação do preço de um ativo ao longo do tempo.

7.3.1 Estratégias para gerir a volatilidade

Investir regularmente: Utilizar o cálculo da média do custo em dólares para atenuar o impacto das oscilações de preços.

Concentrar-se nos objectivos a longo prazo: As flutuações a curto prazo são menos significativas em períodos mais longos.

Evitar a concentração excessiva: Certifique-se de que nenhuma ação ou sector domina a sua carteira.

7.3.2 Lidar com as correcções do mercado

O que é uma correção? Uma queda de 10% ou mais numa ação ou índice de mercado.

Como responder:

Rever a sua estratégia a longo prazo em vez de entrar em pânico.

Considere a compra de acções subvalorizadas durante as correcções.

Passo de ação: Criar uma lista de controlo para lidar com a volatilidade, como por exemplo, rever os objectivos a longo prazo antes de tomar decisões.

7.4 Estratégias de cobertura

A cobertura envolve a utilização de investimentos para compensar potenciais perdas na sua carteira.

7.4.1 Instrumentos de cobertura comuns

Opções: Utilizar opções de compra e venda para se proteger contra quedas de preços ou fixar preços.

ETFs inversos: Ganham quando o mercado está a cair.

Produtos de base: O ouro e outros produtos de base funcionam frequentemente como proteção contra a inflação e a instabilidade do mercado.

Exemplo: A compra de uma opção de venda para uma ação da sua carteira pode limitar as perdas se o preço da ação cair.

Passo de ação: Pesquisar estratégias de opções básicas ou consultar um consultor financeiro antes de implementar ferramentas de cobertura.

7.5 O papel da afetação de activos

A afetação de activos equilibra o risco e a recompensa, dividindo a sua carteira entre diferentes classes de activos.

7.5.1 Modelos de afetação

Agressivo: Elevada exposição a acções (por exemplo, 80% acções, 20% obrigações) para crescimento a longo prazo.

Moderado: Mistura equilibrada de acções e obrigações (por exemplo, 60% de acções, 40% de obrigações).

Conservador: Centrado na preservação do capital (por exemplo, 40% de acções, 60% de obrigações).

7.5.2 Ajustar a alocação ao longo do tempo

Reduzir a exposição às acções e aumentar as obrigações à medida que se aproxima da reforma.

Exemplo: Passar de 80% de acções e 20% de obrigações aos 30 anos para 40% de acções e 60% de obrigações aos 60 anos.

Passo de ação: Escolha um modelo de alocação baseado nos seus objectivos, tolerância ao risco e horizonte temporal.

7.6 Criar um fundo de emergência

Um fundo de emergência proporciona uma rede de segurança financeira e evita que se mergulhe nos investimentos.

7.6.1 Quanto poupar

3-6 meses de despesas de subsistência.

Para profissões de maior risco ou rendimentos voláteis, o objetivo é 6-12 meses.

7.6.2 Onde o guardar

Contas de poupança de alto rendimento ou fundos do mercado

monetário. Certifique-se de que o fundo é facilmente acessível

e de baixo risco.

Passo de ação: Calcule as suas despesas mensais e configure transferências automáticas para criar o seu fundo de emergência.

7.7 Monitorizar e reequilibrar a sua carteira

O reequilíbrio garante que a sua carteira se mantém alinhada com a sua alocação de activos alvo.

7.7.1 Quando efetuar o reequilíbrio

Reequilíbrio programado: Anual ou semestralmente.

Reequilíbrio de limiar: Quando uma classe de activos excede um desvio definido (por exemplo, 5-10% fora do objetivo).

7.7.2 Como reequilibrar

Vender activos com um desempenho superior ou adicionar fundos a activos com um desempenho inferior.

Exemplo: Se as acções aumentarem de 60% para 70% da sua carteira, venda algumas acções e compre obrigações para restabelecer o equilíbrio.

Passo de ação: Definir um lembrete de calendário para rever regularmente a sua carteira.

7.8 Estudo de caso: Gerir o risco numa carteira real

Investidor: 40 anos, a poupar para a reforma, com uma tolerância ao risco moderada.

Carteira antes da diversificação:

80% em acções tecnológicas, 20% em obrigações.

Carteira diversificada:

60% de acções (tecnologia, saúde, bens de consumo), 30% de obrigações (empresas e Estado), 10% de REITs.

Exemplo de reequilíbrio:

Após 1 ano, as acções aumentam para 70%. O reequilíbrio repõe a afetação para 60% de acções e 30% de obrigações.

Resultado: Redução do risco e melhoria da estabilidade sem sacrificar o potencial de crescimento.

Conclusão

A gestão do risco e a diversificação são os pilares de um investimento bem sucedido. Ao distribuir os investimentos por várias classes de activos e ao monitorizar regularmente a sua carteira, pode proteger-se de perdas excessivas e, ao mesmo tempo, manter-se no caminho certo para atingir os seus objectivos financeiros. No próximo capítulo, vamos explorar o poder de manter a disciplina e investir de forma consistente para construir riqueza a longo prazo.

Capítulo 8: O poder da coerência - Construir a longo prazo Riqueza

8.1 A importância da consistência no investimento

Construir riqueza não é uma questão de sincronizar o mercado; é uma questão de manter a disciplina e investir de forma consistente.

Ideia-chave: Os investimentos pequenos e regulares podem crescer significativamente ao longo do tempo devido ao poder da capitalização.

Exemplo: Investir $200 por mês durante 30 anos com um rendimento anual de 8% rende aproximadamente $300.000, apesar de só ter contribuído com $72.000.

8.2 O papel do cálculo da média dos custos do dólar (DCA)

O cálculo da média dos custos em dólares implica investir regularmente um montante fixo, independentemente das condições do mercado.

8.2.1 Benefícios do DCA

Reduz a tomada de decisões emocionais: Evita a necessidade de cronometrar o mercado.

Compra mais acções quando os preços estão baixos: Isto permite calcular a média do custo das acções ao longo do tempo.

Incentiva a disciplina: Cria um hábito de investimento consistente.

Exemplo:

O investidor A contribui mensalmente com $500 para um fundo de índice. Quando os preços estão baixos, compra mais acções; quando os preços estão altos, compra menos. Ao longo do tempo, o seu custo médio por ação mantém-se estável e inferior ao dos investimentos irregulares de montante fixo.

Passo de ação: Configurar contribuições automáticas para a sua conta de investimento.

8.3 Tirar partido da capitalização para maximizar os retornos

A capitalização ocorre quando os seus investimentos geram rendimentos e esses rendimentos são reinvestidos para gerar ainda mais.

8.3.1 Factores que influenciam a composição

Tempo: Quanto mais tempo o seu dinheiro permanecer investido, maior será o efeito de capitalização.

Taxa de retorno: Rendimentos mais elevados aceleram o crescimento.

Consistência: As contribuições regulares amplificam a composição.

Exemplo de crescimento composto:

Investir $10.000 com um rendimento anual de 8%.
    Após: 10 anos: $21.589.
    20 anos: $46.610.
    30 anos: $100.627.

Passo de ação: Utilizar uma calculadora de capitalização para ver como os seus investimentos podem crescer ao longo do tempo.

8.4 Manter o rumo durante as flutuações do mercado

Os mercados são imprevisíveis, mas manter a consistência durante os períodos de recessão é fundamental para o sucesso a longo prazo.

8.4.1 Contexto histórico

Exemplo: Durante a crise financeira de 2008, o S&P 500 caiu 37%, mas os investidores que se mantiveram investidos registaram uma recuperação significativa nos anos seguintes.

Lição: As quedas do mercado são oportunidades para os investidores disciplinados comprarem a preços mais baixos.

8.4.2 Evitar a venda em pânico

Vender durante os períodos de recessão bloqueia as perdas e impede-o de beneficiar da recuperação. Em vez disso, concentre-se no seu plano a longo prazo e ignore o ruído a curto prazo.

Passo de ação: Criar uma lista de controlo para "manter o rumo" para rever durante a volatilidade do mercado.

8.5 Automatizar os seus investimentos

A automatização simplifica o processo de investimento e assegura a consistência.

8.5.1 Vantagens da automatização

Elimina o esquecimento: As contribuições regulares são efectuadas sem esforço manual.

Reduz a influência emocional: A automatização ajuda-o a manter o seu plano durante as subidas e descidas do mercado.

8.5.2 Como automatizar investimentos

Configure transferências diretas do seu salário ou conta bancária para a sua conta de investimento.

Utilize robo-consultores ou aplicações de investimento para afetar automaticamente os fundos de acordo com a sua estratégia.

Passo de ação: Pesquise plataformas como a Vanguard, a Fidelity ou a Betterment para automatizar os seus investimentos.

8.6 Definir e ajustar os objectivos ao longo do tempo

Consistência não significa rigidez; o seu plano de investimento deve adaptar-se à medida que os seus objectivos e circunstâncias mudam.

8.6.1 Acontecimentos da vida que podem afetar os objectivos

Casamento ou divórcio: Alterações no rendimento do agregado familiar ou nas prioridades financeiras.

Mudanças de carreira: As flutuações salariais podem exigir o ajustamento das contribuições.

Planeamento da reforma: Mudar o foco do crescimento para a geração de rendimentos à medida que a reforma se aproxima.

8.6.2 Rever o seu progresso

Avalie anualmente o desempenho da sua carteira.

Verifique se os seus investimentos estão de acordo com a sua atual tolerância ao risco e objectivos financeiros.

Passo de ação: Agendar uma revisão anual da sua carteira e dos seus objectivos financeiros.

8.7 A mentalidade a longo prazo

A construção de riqueza requer tempo, paciência e uma concentração no panorama geral.

8.7.1 Evitar esquemas de obtenção de dinheiro rápido

Os investimentos que prometem rendimentos invulgarmente elevados são muitas vezes arriscados ou fraudulentos.
Mantenha-se fiel a estratégias de crescimento estável e comprovado, como os fundos de índice ou os ETF.

8.7.2 O poder da paciência

Exemplo: Warren Buffett adquiriu a maior parte do seu património depois dos 50 anos devido ao efeito de capitalização.

Lição: Quanto mais cedo se começar e quanto mais tempo se mantiver investido, maiores serão os rendimentos.

8.7.3 Concentre-se no progresso, não na perfeição

A consistência não significa nunca cometer erros - significa aprender e melhorar ao longo do tempo.

8.8 Estudo de caso: Investimento consistente ao longo de 20 anos

Investidor: um jovem de 25 anos começa a investir 400 dólares por mês num fundo de índice S&P 500.

Resultado:

Aos 45 anos, com um rendimento médio anual de 8%, a sua carteira cresce para mais de 240 000 dólares.
Se deixarem de contribuir e o deixarem crescer até aos 65 anos, o montante passa a ser superior a $1.100.000.

Conclusão

A consistência é a base de um investimento bem sucedido. Automatizando as contribuições, mantendo a disciplina durante a volatilidade do mercado e concentrando-se nos objectivos a longo prazo, pode aproveitar o poder da capitalização para construir uma riqueza duradoura. No próximo capítulo, exploraremos estratégias fiscais e outras formas de maximizar o retorno dos seus investimentos.

Capítulo 9: Estratégias fiscais e maximização do retorno dos investimentos

9.1 Compreender as implicações fiscais do investimento

Os impostos podem afetar significativamente os seus rendimentos de investimento. Saber como navegar no cenário fiscal é fundamental para maximizar os lucros.

9.1.1 Tipos de rendimentos de investimento

Dividendos: Pagamentos de acções ou fundos mútuos, tributados como rendimento ordinário ou a uma taxa mais baixa, se qualificados.

Ganhos de capital: Lucros da venda de um ativo por um valor superior ao seu preço de compra.

Ganhos de capital a curto prazo: Activos detidos por menos de um ano, tributados à taxa normal do imposto sobre o rendimento.

Ganhos de capital a longo prazo: Activos detidos por mais de um ano, tributados a taxas mais baixas (0%, 15% ou 20%, dependendo do rendimento).

Rendimento de juros: Rendimento de obrigações ou contas de poupança, normalmente tributado como rendimento ordinário.

Passo de ação: Rever as suas fontes de rendimento de investimento e classificá-las por tratamento fiscal.

9.2 Contas com vantagens fiscais

Certas contas ajudam a reduzir ou a diferir impostos, permitindo que os seus investimentos cresçam de forma mais eficiente.

9.2.1 Contas de reforma

IRA tradicional/401(k): As contribuições são dedutíveis nos impostos, mas os levantamentos são tributados na reforma.

Roth IRA/401(k): As contribuições são feitas com dólares depois de impostos, mas os levantamentos na reforma são isentos de impostos.

Exemplo: Uma contribuição anual de $6.500 para o Roth IRA investida com um retorno de 8% durante 30 anos cresce para mais de $780.000 - retirada sem impostos.

9.2.2 Conta poupança-saúde (HSA)

As contribuições são dedutíveis nos impostos, o crescimento é isento de impostos e os levantamentos para despesas médicas qualificadas também são isentos de impostos.
Pode funcionar como uma conta de reforma suplementar se for utilizada de forma estratégica.

9.2.3 Planos 529

Contas com benefícios fiscais para poupanças de educação.
Os ganhos crescem sem impostos e os levantamentos são isentos de impostos para despesas de educação qualificadas.

Passo de ação: Abrir ou contribuir para uma conta com vantagens fiscais alinhada com os seus objectivos.

9.3 Estratégias para reduzir o rendimento tributável

A redução do rendimento tributável pode diminuir o escalão de tributação e aumentar os rendimentos após impostos.

9.3.1 Colheita de prejuízos fiscais

O que é: Venda de investimentos com perdas para compensar ganhos tributáveis.

Como funciona:

Exemplo: Vende a ação A com uma perda de $2.000 e a ação B com um ganho de $2.000. A perda compensa o ganho, pelo que não deve qualquer imposto sobre mais-valias.
Até $3.000 em perdas líquidas podem compensar o rendimento ordinário anualmente.

9.3.2 Contribuir para contas com diferimento de impostos

As contribuições para 401(k)s, IRAs tradicionais e HSAs reduzem o seu rendimento tributável para o ano.

Passo de ação: Considerar a reafectação de fundos em contas tributáveis para maximizar as oportunidades de recolha de perdas fiscais.

9.4 Estratégias de investimento com eficiência fiscal

O local onde se detêm determinados investimentos tem impacto na sua eficiência fiscal.

9.4.1 Localização do ativo

Contas tributáveis: Manter investimentos com eficiência fiscal, como obrigações municipais e ETFs.

Contas com vantagens fiscais: Manter investimentos ineficientes em termos fiscais, como REITs, acções com dividendos elevados e obrigações.

9.4.2 Escolher investimentos eficientes do ponto de vista fiscal

Fundos de índice e ETFs: Estes têm baixa rotatividade, minimizando as distribuições de ganhos de capital.

Obrigações municipais: Os juros são frequentemente isentos de impostos a nível federal e potencialmente a nível estatal.

Exemplo: A detenção de um fundo mútuo de elevado volume de negócios numa conta tributável pode gerar obrigações fiscais desnecessárias, enquanto o mesmo fundo num IRA ou 401(k) evita impostos anuais.

Passo de ação: Rever a sua carteira para garantir que os investimentos estão nas contas com mais vantagens fiscais.

9.5 Compreender as Distribuições Mínimas Obrigatórias (RMDs)

Os RMDs aplicam-se a contas com impostos diferidos (como os IRAs tradicionais) a partir dos 73 anos.
O não levantamento do montante exigido implica uma penalização fiscal de 50% sobre o montante em falta.

Estratégias para gerir as RMDs:

Comece a efetuar levantamentos antes da idade do RMD para distribuir a carga fiscal.
Converter IRAs tradicionais em Roth IRAs durante os anos de rendimentos mais baixos para reduzir futuros RMDs.

Passo de ação: Utilize uma calculadora de RMD para estimar as suas necessidades futuras de levantamento.

9.6 Evitar erros fiscais comuns

Ser proactivo pode ajudar a evitar erros dispendiosos.

9.6.1 Erros frequentes

Ignorar as contas com vantagens fiscais: Não maximizar as contribuições para 401(k)s ou IRAs.

Desencadeamento de vendas de lavagem: A recompra do mesmo investimento ou de um investimento substancialmente semelhante no prazo de 30 dias após uma venda com prejuízo fiscal.

Ignorar os impostos estatais: Alguns estados têm regras únicas para ganhos de capital e dividendos.

Passo de ação: Consulte um profissional da área fiscal anualmente para garantir a conformidade e otimizar a sua estratégia fiscal.

9.7 Trabalhar com um profissional da área fiscal

Um profissional pode ajudar a maximizar as deduções e garantir a conformidade com as alterações à legislação fiscal.

9.7.1 Quando consultar um profissional

Se tiver rendimentos de investimento significativos ou participações complexas.
Quando se está a aproximar da reforma e é necessário planear o RMD.

9.7.2 Perguntas a fazer ao seu consultor

Como posso reduzir as minhas

obrigações fiscais?

A que contas devo dar prioridade para efetuar contribuições ou levantamentos?

Existem novas leis fiscais que possam afetar a minha carteira?

Passo de ação: Marcar uma reunião anual com um contabilista ou consultor financeiro especializado em investimentos com eficiência fiscal.

9.8 Estudo de caso: Estratégias fiscais em ação

Investidor: Um homem de 45 anos com $500.000 divididos entre um 401(k), um Roth IRA e uma conta de corretagem tributável.

Problema: fatura fiscal elevada devido a dividendos e distribuições de mais-valias de investimentos tributáveis.

Solução:

Transferir investimentos com dividendos elevados e obrigações para a conta 401(k). Utilizar fundos de índice e ETFs na conta tributável.

Aumentar as contribuições Roth IRA para levantamentos isentos de impostos na reforma.

Resultado: Redução da obrigação fiscal anual em $5.000 e maximização do crescimento a longo prazo.

Conclusão

Os impostos podem corroer os retornos do investimento, mas com as estratégias certas, pode minimizar o seu impacto e manter mais dos seus ganhos. No capítulo final, reuniremos tudo isto com dicas práticas para manter a disciplina, evitar armadilhas e atingir os seus objectivos financeiros.

Capítulo 10: Juntar tudo - O seu roteiro para o sucesso do investimento

10.1 Revisão do percurso de investimento

Vamos revisitar os principais conceitos abordados neste livro e perceber como estão interligados.

10.1.1 A Fundação

O mercado de acções proporciona uma plataforma para a construção de riqueza através do investimento em empresas.

Desenvolver uma base financeira sólida através de um orçamento, fundos de emergência e eliminação de dívidas é crucial antes de investir.

10.1.2 A estratégia

Comece com objectivos claros e mensuráveis.
Diversifique a sua carteira para gerir o risco e utilize uma afetação de activos adaptada à sua idade, rendimento e tolerância ao risco.

10.1.3 O processo

Contribuir regularmente para as suas contas de investimento, tirando partido da automatização.

Reavalie periodicamente os seus investimentos, mas evite reagir de forma exagerada aos movimentos do mercado a curto prazo.

Passo de ação: Escrever a sua estratégia de investimento pessoal com base nos princípios dos capítulos anteriores.

10.2 Elaborar o seu plano de investimento personalizado

Um plano bem concebido é o roteiro para atingir os seus objectivos financeiros.

10.2.1 Defina os seus objectivos

Objectivos a curto prazo: Por exemplo, poupar para a entrada de uma casa.

Objectivos a longo prazo: Por exemplo, construir um fundo de reforma ou financiar a educação dos filhos.

10.2.2   Identificar o seu horizonte temporal

Os objectivos a curto prazo podem exigir investimentos conservadores.

Os objectivos a longo prazo beneficiam de estratégias centradas no crescimento, como os investimentos em acções.

10.2.3   Escolha a sua combinação de investimentos

Combine acções, obrigações, ETFs e outros activos em proporções que correspondam aos seus objectivos e tolerância ao risco.

Utilize os fundos de data-alvo se pretender uma abordagem sem intervenção.

10.2.4   Automatizar as contribuições

Estabelecer transferências recorrentes para contas de investimento para garantir a coerência.

Passo de ação: Crie um resumo de uma página do seu plano de investimento personalizado e guarde-o como referência.

10.3   Evitar armadilhas comuns

Aprender com os erros dos outros pode poupar-lhe tempo, dinheiro e stress.

10.3.1   Tomada de decisões emocionais

Evite comprar quando o mercado está no auge ou vender durante os períodos de baixa.
Mantenha-se fiel à sua estratégia e concentre-se nos objectivos a longo prazo.

10.3.2   Negligenciar o reequilíbrio

Ajustar periodicamente a sua carteira para manter a afetação de activos desejada.

Exemplo: Se as acções tiverem um desempenho superior e aumentarem para 70% da sua carteira quando o seu objetivo é 60%, venda algumas acções e compre obrigações para reequilibrar.

10.3.3 Não ter em conta as comissões e despesas As comissões elevadas podem corroer os rendimentos ao longo do tempo.

Opte por fundos de baixo custo, como ETFs e fundos de índice.

Passo de ação: Criar uma lista de controlo de potenciais armadilhas para rever anualmente e garantir que se mantém no caminho certo.

10.4 Adotar uma perspetiva a longo prazo

A construção de riqueza é uma maratona, não uma corrida de velocidade.

10.4.1 O papel da paciência

A volatilidade a curto prazo é uma parte natural do investimento.

Historicamente, os mercados têm registado uma tendência ascendente a longo prazo, apesar de algumas quedas ocasionais.

10.4.2 Confie no poder da capitalização

Os investimentos regulares ao longo do tempo, juntamente com o reinvestimento dos rendimentos, criam um crescimento exponencial.

Exemplo: Um investimento de $10.000 que rende 8% ao ano duplica aproximadamente a cada 9 anos. Ao longo de 36 anos, cresce para $160.000.

10.5 Manter-se educado e informado

O mundo dos investimentos evolui, e manter-se informado é essencial.

10.5.1 Recursos para continuar a aprender

Livros: Ler clássicos como The Intelligent Investor de Benjamin Graham.

Sítios Web e blogues: Siga plataformas financeiras de confiança para obter actualizações e dicas.

Cursos: Faça cursos online para aprofundar os seus conhecimentos sobre investimentos.

10.5.2 Procurar orientação profissional quando necessário

Trabalhe com um planeador financeiro certificado ou um consultor de investimentos para adaptar a sua estratégia.

Passo de ação: Comprometer-se a ler pelo menos um livro relacionado com investimentos ou a frequentar um curso todos os anos.

10.6 **Tomar medidas: Os seus primeiros 90 dias**

Comece bem com um plano de ação para os primeiros três meses da sua viagem de investimento.

10.6.1 Mês 1: Construir a sua base

Estabelecer um orçamento para libertar dinheiro para

investir. Abrir uma conta de corretagem ou uma conta de

reforma. Defina os seus objectivos e escolha uma afetação de

activos.

10.6.2 Mês 2: Começar a investir

Financie a sua conta e faça os seus primeiros investimentos, concentrando-se em opções diversificadas como fundos de índice ou ETFs.

Configurar a automatização para contribuições regulares.

10.6.3 Mês 3: Rever e ajustar

Avalie a sua carteira para garantir que está de acordo com os seus

objectivos. Faça pequenos ajustes conforme necessário, mas evite

negociar em excesso.

Passo de ação: Utilize um calendário ou um registo de tarefas para cumprir o seu plano de 90 dias.

10.7 Palavras finais de encorajamento

Investir é uma viagem que exige disciplina, paciência e um compromisso com o crescimento.

10.7.1 Reconhecer os progressos

Comemore marcos como o seu primeiro investimento, alcançar os seus primeiros $10.000 ou atingir um objetivo financeiro.

10.7.2 A recompensa da persistência

Construir riqueza através do investimento é uma das coisas mais poderosas que pode fazer para o seu futuro.

10.7.3 Lembre-se do seu "porquê"

Mantenha-se motivado mantendo os seus objectivos no centro das atenções.
Quer se trate de uma reforma confortável, de financiar a educação de um filho ou de alcançar a independência financeira, o seu "porquê" mantê-lo-á no bom caminho.

Conclusão

Este livro deu-lhe as ferramentas para embarcar na sua viagem de investimento com confiança. Ao aplicar o que a p r e n d e u , mantendo-se consistente e aumentando continuamente os seus conhecimentos, pode atingir os seus objectivos financeiros e criar um futuro seguro.

Conclusão

Parabéns! Chegou ao fim deste guia e, ao fazê-lo, deu um passo significativo para alcançar a independência financeira e construir riqueza a longo prazo. Neste momento, já deve ter uma compreensão clara dos fundamentos do investimento no mercado de acções, incluindo o seu funcionamento, os tipos de investimentos disponíveis e as estratégias que o podem ajudar a tomar decisões informadas.

Lembre-se, investir no mercado de acções não é um esquema de enriquecimento rápido - trata-se de decisões consistentes e ponderadas ao longo do tempo. Os investidores mais bem sucedidos não são aqueles que perseguem as tendências ou tentam antecipar o mercado, mas aqueles que se concentram no crescimento a longo prazo, gerem o risco de forma adequada e permanecem pacientes face às flutuações do mercado.

À medida que prossegue a sua viagem de investimento, tenha em mente os seguintes pontos-chave:

Comece de forma simples: Comece com investimentos diversificados e de baixo custo, como fundos de índice ou ETFs. Isto ajuda a reduzir o risco enquanto se desenvolve o seu conhecimento do mercado.

Investir a longo prazo: O mercado de acções recompensa a paciência. Resista ao impulso de tomar decisões impulsivas com base nos movimentos do mercado a curto prazo.

Manter-se informado: O mundo do investimento está sempre a evoluir. Continue a aprender, seja através de livros, artigos, cursos ou simplesmente observando o mercado. Quanto mais informado estiver, melhores decisões pode tomar.

Desenvolva uma estratégia e mantenha-se fiel a ela: É crucial ter um plano de investimento claro, baseado nos seus objectivos e tolerância ao risco. Não deixe que as emoções ditem as suas escolhas de investimento.

A consistência é fundamental: As contribuições regulares, mesmo as mais pequenas, podem crescer significativamente ao longo do tempo graças ao poder dos juros compostos.

A sua viagem não termina aqui. De facto, é apenas o início. À medida que continua a construir a sua carteira e a aumentar a sua compreensão do mercado, irá desenvolver as suas próprias estratégias e aperfeiçoar a sua abordagem. O mundo do investimento está aberto a qualquer pessoa disposta a aprender, e já deu o primeiro passo mais importante.

Quer esteja a investir para poupar para a reforma, para alcançar a independência financeira ou para atingir objectivos financeiros específicos, a chave é manter-se disciplinado, manter-se informado e continuar a avançar. O mercado de acções terá os seus altos e baixos, mas com a mentalidade e a estratégia certas, pode navegar por essas flutuações e trabalhar para atingir os seus objectivos financeiros.

Obrigado por se juntar a mim nesta viagem. Desejo-lhe sucesso ao embarcar no seu caminho para se tornar um investidor confiante e conhecedor. O seu futuro financeiro está nas suas mãos - agora vá em frente e dê o próximo passo!

Glossário de termos da bolsa de valores

1. **Alocação de activos**
O processo de dividir a sua carteira de investimentos entre diferentes categorias de activos, tais como acções, obrigações e numerário, para equilibrar o risco e a recompensa com base nos seus objectivos, horizonte temporal e tolerância ao risco.

2. **Mercado de ursos**
Uma condição de mercado em que os preços dos títulos estão a cair ou se prevê que venham a cair, normalmente 20% ou mais em relação aos máximos recentes.

3. **Acções de primeira linha**
Acções de empresas bem estabelecidas, financeiramente estáveis e reputadas, com um historial de desempenho fiável, como a Apple ou a Coca-Cola.

4. **Obrigação**
Um investimento de rendimento fixo que representa um empréstimo feito por um investidor a um mutuário, normalmente uma empresa ou um governo, com pagamentos regulares de juros e devolução do capital no vencimento.

5. **Mercado em alta**
Uma condição de mercado em que os preços dos títulos estão a subir ou se espera que subam, muitas vezes alimentados pela confiança dos investidores e pelo crescimento económico.

6. **Ganhos de capital**
O lucro obtido com a venda de um investimento quando o preço de venda excede o preço de compra.

7. **Dividendo**
Uma parte dos lucros de uma empresa distribuída aos acionistas, normalmente numa base regular (por exemplo, trimestralmente).

8. **Cálculo da média dos custos do dólar (DCA)**
Uma estratégia de investimento em que se investe regularmente um montante fixo de dinheiro num determinado ativo, independentemente do seu preço, para reduzir o impacto da volatilidade do mercado.

9. Resultados por ação (EPS)
O lucro de uma empresa dividido pelo número de acções em circulação das suas acções. Uma métrica chave utilizada para avaliar a rentabilidade de uma empresa.

10. Fundo negociado em bolsa (ETF)
Um tipo de fundo de investimento negociado em bolsas de valores que detém um cabaz de activos, tais como acções ou obrigações, e que se destina a acompanhar o desempenho de um índice específico.

11. Fundo de índice
Um fundo mútuo ou ETF concebido para reproduzir o desempenho de um índice de mercado específico, como o S&P 500.

12. Oferta pública inicial (IPO)
A primeira vez que uma empresa oferece as suas acções ao público, passando de propriedade privada para pública.

13. Liquidez
A facilidade com que um ativo pode ser comprado ou vendido no mercado sem afetar o seu preço. As acções e os ETF são altamente líquidos, ao passo que os imóveis o são menos.

14. Capitalização de mercado (Market Cap)
O valor total das acções em circulação de uma empresa, calculado através da multiplicação do preço atual das acções pelo número total de acções.

15. Fundo Mútuo
Um veículo de investimento que reúne dinheiro de vários investidores para comprar uma carteira diversificada de acções, obrigações ou outros títulos.

16. Carteira
Um conjunto de investimentos, tais como acções, obrigações, ETFs e numerário, detidos por um indivíduo ou instituição.

17. Rácio preço/lucro (P/E)
Uma métrica de avaliação calculada dividindo o preço atual das acções de uma empresa pelos seus ganhos por ação. Indica quanto é que os investidores estão dispostos a pagar por $1 de ganhos.

18. Reequilíbrio
O processo de ajustar as ponderações dos activos na sua carteira para manter o nível desejado de afetação de activos, normalmente feito periodicamente.

19. Tolerância ao risco
O nível de risco que um investidor está disposto a aceitar quando toma decisões de investimento, influenciado por factores como os objectivos financeiros, o horizonte temporal e o conforto pessoal com a volatilidade.

20. Roth IRA
Uma conta de reforma com vantagens fiscais em que as contribuições são feitas com dólares depois de impostos e os levantamentos na reforma são isentos de impostos.

21. S&P 500
Um índice do mercado de acções que acompanha o desempenho de 500 das maiores empresas dos EUA por capitalização bolsista.

22. Estoque
Um tipo de título que representa a propriedade de uma empresa, dando ao seu detentor o direito a uma parte dos lucros e activos da empresa.

23. Fundo com data prevista
Um fundo mútuo ou ETF que ajusta automaticamente a sua afetação de activos para se tornar mais conservador à medida que se aproxima uma data-alvo especificada, como a reforma.

24. Horizonte temporal
O período de tempo que um investidor espera manter um investimento para atingir um objetivo financeiro, variando de curto prazo (menos de 3 anos) a longo prazo (10 anos ou mais).

25. Volatilidade
O grau de variação do preço de um título ou mercado ao longo do tempo. Uma volatilidade elevada indica maiores oscilações de preços, enquanto uma volatilidade baixa significa estabilidade.

26. Rendimento
O rendimento de um investimento, expresso em percentagem. Para as acções, é normalmente o rendimento dos dividendos; para as obrigações, é o rendimento dos juros.

Equipamento e material de software necessários para começar

Aqui está uma lista de software, equipamento e materiais para o ajudar a iniciar-se no investimento no mercado de acções. Estas ferramentas e recursos irão simplificar o seu fluxo de trabalho, garantir que se mantém organizado e melhorar a sua tomada de decisões.

Software

1. **Plataformas de negociação**

    Robinhood (negociações para principiantes, sem comissões).
    E*TRADE (ferramentas completas para comerciantes principiantes e experientes).
    Fidelity (excelente para investidores a longo prazo, inclui ferramentas de investigação).
    TD Ameritrade (Oferece funcionalidades avançadas com a sua plataforma thinkorswim).
    Webull (negociação sem comissões com gráficos avançados).

2. **Ferramentas de gestão de portefólio**

    Morningstar Portfolio Manager: Acompanhe, analise e reequilibre a sua carteira.
    Capital Pessoal: Combina a orçamentação e a análise de carteira para uma visão financeira holística.
    Portfólio do Yahoo Finance: Acompanhamento de carteiras gratuito e fácil de utilizar.

3. **Ferramentas de investigação e análise**

    Stock Rover: Análises pormenorizadas, ferramentas de comparação e acompanhamento da carteira.
    Zacks Investment Research: Fornece análises e recomendações sobre acções.
    Seeking Alpha: Investigação e análise orientadas para a comunidade.

4. **Gráficos e análise técnica**

    TradingView: Software de gráficos avançado com indicadores personalizáveis.
    MetaStock: Software de análise técnica abrangente para comerciantes activos.

5. Software fiscal e contabilístico

TurboTax Premier: adaptado para que os investidores acompanhem e comuniquem ganhos e perdas.

H&R Block Tax Software: Inclui ferramentas para investidores no mercado de acções.

6. Plataformas educativas

Coursera: cursos de investimento de universidades como Yale e Wharton.

Udemy: Cursos acessíveis sobre noções básicas do mercado de acções e estratégias de negociação.

Academia Investopedia: Cursos específicos para iniciantes no mercado de acções.

Equipamento

1. Computador ou portátil

Investir requer um computador fiável para investigação, negociação e análise. Considerar:

Apple MacBook Pro: Conhecido pela sua fiabilidade e longa duração da bateria.

Dell XPS 15: Desempenho potente para multitarefas. Lenovo ThinkPad: Ótimo para investidores preocupados com o orçamento.

2. Smartphone ou Tablet

O acesso móvel é essencial para a negociação e gestão de carteiras em movimento. Dispositivos recomendados:

Apple iPhone ou iPad: Compatível com a maioria das aplicações de negociação.

Série Samsung Galaxy: Alternativa Android com funcionalidades poderosas.

3. **Monitores externos**

Para seguir várias acções e gráficos em simultâneo.

   Dell UltraSharp U2723QE: Ecrã de alta resolução para análises detalhadas.
   Monitor LG UltraWide: Ótimo para multitarefas com várias janelas.

4. **Armazenamento de segurança**

Mantenha os seus dados de investimento seguros.

   Disco rígido externo da Seagate: Para cópias de segurança de documentos financeiros.
   Armazenamento na nuvem (Google Drive ou Dropbox): Armazenamento online seguro para fácil acesso.

5. **Ligação à Internet**

Uma ligação à Internet de alta velocidade é essencial para obter dados de mercado em tempo real.

   Ligações de fibra ótica: Recomendado para velocidades rápidas e estáveis.

Fornecimentos

1. **Cadernos ou diários**

   Mantenha um registo das estratégias de investimento, notas e lições aprendidas.

   Bloco de notas inteligente Rocketbook: Reutilizável e integrado no armazenamento na nuvem.
   Diário Moleskine: Uma escolha clássica para notas escritas à mão.

2. **Material de organização**

   Organizador de ficheiros: Guarde extractos impressos, contratos e documentos fiscais.
   Criador de etiquetas: Organize os registos físicos para um acesso rápido.

3. Fontes de alimentação de reserva

Banco de potência portátil: Para carregar dispositivos durante falhas de energia.

Fonte de alimentação ininterrupta (UPS): Protege o computador durante falhas de energia súbitas.

4. Configuração da secretária

Secretária de pé ajustável: Para maior conforto durante as longas horas de trabalho.

Cadeira ergonómica: Reduz a tensão durante longos períodos de investigação.

5. Calculadora ou ferramentas financeiras

Calculadora financeira HP 12C: Especificamente concebida para cálculos financeiros.

Casio fx-991EX: Uma opção versátil e económica.

Assinaturas e serviços

1. Notícias e serviços de dados

O Wall Street Journal: Notícias sobre negócios e finanças.

Terminal Bloomberg: Serviço topo de gama para dados em tempo real (melhor para investidores avançados).

Yahoo Finance Premium: Oferece ferramentas avançadas e uma experiência sem anúncios.

2. Alertas de mercado

Alertas do Google: Alertas personalizados para acções ou sectores específicos.

Alertas Morningstar: Notificações sobre o desempenho e as actualizações da carteira.

3. Consultores financeiros

Considere a possibilidade de consultar um Planeador Financeiro Certificado (CFP) para criar uma estratégia de investimento sólida.

Diversos

Quadro branco ou quadro de avisos: Visualize estratégias, objectivos ou listas de observação.

Auscultadores com microfone: Para cursos online, webinars ou consultas virtuais de consultores.

Cafeteira ou lanches: Mantenha-se energizado durante as longas sessões de negociação!

Lista prioritária de elementos essenciais para começar a investir

Eis uma lista simplificada de elementos essenciais para o ajudar a começar de forma eficiente e sem despesas desnecessárias:

1. Software de negociação e gestão de carteiras

Estas ferramentas permitir-lhe-ão negociar, acompanhar os investimentos e gerir a sua carteira:

Plataforma de negociação: Comece com uma plataforma para principiantes, sem comissões, como a Robinhood ou a Fidelity.

Rastreador de portfólio: Utilize o Yahoo Finance Portfolio (gratuito) ou o Personal Capital para acompanhar e analisar a carteira.

2. **Computador ou portátil fiável**

Um computador portátil de gama média é suficiente para a maioria dos principiantes. Considere opções como:

Lenovo ThinkPad (económico e fiável). Dell XPS 15

(para mais potência e multitarefas).

3. **Smartphone ou Tablet**

Para negociação e alertas móveis:

Apple iPhone ou Samsung Galaxy Series (compatível com a maioria das aplicações de negociação).

4. **Ligação à Internet**

Internet de alta velocidade (fibra ótica, se possível) para garantir o acesso em tempo real aos dados de mercado e às plataformas de negociação.

5. **Recursos educativos**

Invista tempo na aprendizagem com estas opções económicas:

Livro: The Little Book of Common Sense Investing, de John C. Bogle.

Curso online: Investing for Beginners (Investir para principiantes) no Coursera ou na Udemy.

Sítio Web: Visite regularmente a Investopedia para obter definições e guias fáceis de compreender.

6. **Um diário para anotações**

Mantenha-se a par das suas estratégias de investimento, aprendizagens e decisões:

Caderno inteligente Rocketbook (reutilizável e liga-se ao armazenamento na nuvem).
Ou utilize simplesmente um caderno Moleskine normal.

7. **Organizador de ficheiros**

Para armazenar e gerir documentos importantes, como confirmações de transacções, formulários de impostos e extractos de conta.

Organizador de ficheiros expansível (compacto e portátil).

8. **Energia de reserva e armazenamento de dados**

Para segurança e fiabilidade:

Banco de potência portátil: Mantém o seu smartphone ou tablet carregado.

Armazenamento na nuvem: Opções gratuitas como o Google Drive ou o Dropbox para fazer cópias de segurança de ficheiros importantes.

9. **Subscrição de notícias do mercado**

Mantenha-se informado sobre as últimas tendências e

actualizações do mercado: Opção gratuita: Yahoo Finance ou

Google Alerts.

Opção paga: Uma subscrição do The Wall Street Journal ou do Morningstar Premium.

10. **Ferramenta de cálculo para principiantes**

Se pretender calcular rendimentos ou compreender métricas financeiras:

Utilize a calculadora incorporada gratuita no seu smartphone ou uma simples calculadora Casio.

11. **Espaço de trabalho confortável**

Para períodos prolongados de investigação e negociação: Cadeira

ergonómica: Dar prioridade ao conforto.

Espaço para a secretária: Inicialmente, uma simples mesa ou secretária será suficiente.

12. **Complementos opcionais (quando prontos)**

À medida que cresce, considere estas adições:

Monitor externo: Facilita a execução de várias tarefas (por exemplo, monitor LG UltraWide).

Ferramentas avançadas de gráficos: TradingView para análise técnica (versão gratuita disponível).

Software fiscal: Utilize o TurboTax Premier durante a época fiscal para simplificar os relatórios.

Próximos passos

Abrir uma conta de corretagem (por exemplo, Robinhood ou Fidelity).

Criar uma lista de observação de acções ou ETFs q u e lhe interessem.

Atribua um pequeno montante de capital (o que se pode dar ao luxo de perder) e comece com fundos de índice ou ETFs.

Comprometer-se a aprender diariamente com conteúdos educativos.

Recursos

Eis uma lista selecionada de recursos para o ajudar a aprofundar os seus conhecimentos e a continuar a crescer como investidor:

Livros

O Investidor Inteligente de Benjamin Graham
Um guia clássico para investir em valor e compreender os princípios do mercado.

Um passeio aleatório por Wall Street, de Burton Malkiel
Abrange uma vasta gama de tópicos de investimento e defende os fundos de índice de baixo custo.

Common Sense on Mutual Funds (Senso Comum sobre Fundos Mútuos) por John C. Bogle
Escrito pelo fundador da Vanguard, este livro explica as vantagens do investimento em fundos de índice.

The Little Book of Common Sense Investing de John C. Bogle Uma introdução concisa e prática ao investimento em índices.

One Up on Wall Street por Peter Lynch
Explora a forma como os investidores comuns podem identificar oportunidades e investir com sucesso.

A Psicologia do Dinheiro por Morgan Housel
Centra-se nos aspectos comportamentais do investimento e da tomada de decisões financeiras.

Pai Rico Pai Pobre, de Robert Kiyosaki
Oferece uma mudança de mentalidade para a construção de riqueza e independência financeira.

The Bogleheads' Guide to Investing por Taylor Larimore, Mel Lindauer e Michael LeBoeuf
Um guia simples para investimentos de baixo custo e de longo prazo.

Sítios Web e blogues

Investopedia (investopedia.com)
Recurso abrangente para investir terminologia, conceitos e tutoriais.

Morningstar (morningstar.com)
Fornece informações sobre fundos mútuos, ETFs e acções individuais.

The Motley Fool (fool.com)
Notícias de investimento, conselhos e análise de acções para principiantes e investidores experientes.

Seeking Alpha (seekingalpha.com)
Artigos e opiniões de um vasto leque de investidores e analistas.

Fórum Bogleheads (bogleheads.org)
Uma comunidade dedicada ao debate sobre investimento em índices e finanças pessoais.

Yahoo Finance (finance.yahoo.com)
Notícias, cotações de acções e ferramentas de investimento para se manter informado.

CNBC (cnbc.com)
Actualizações do mercado e notícias financeiras em tempo real.

Podcasts

O podcast "Investir para principiantes
Simplifica conceitos complexos de investimento para quem está a começar.

Estudamos os Bilionários (The Investor's Podcast Network)
Apresenta lições de alguns dos maiores investidores do mundo.

The Motley Fool Money Show
Oferece uma análise das tendências actuais do mercado e estratégias de investimento.

Podcast "BiggerPockets Money
Centra-se nas finanças pessoais e nas estratégias de construção de património.

Podcast sobre os Espíritos Animais
Aborda as tendências do mercado, as finanças pessoais e as finanças comportamentais de uma forma acessível.

Cursos online

Coursera (coursera.org)
"Investing for Beginners: A Comprehensive Guide" (oferecido pelas melhores universidades).

Udemy (udemy.com)
"Stock Market Investing for Beginners" - Acessível e económico para novos investidores.

Khan Academy (khanacademy.org)
"Finanças pessoais" - Inclui lições sobre noções básicas de investimento.

Morningstar Investing Classroom
Cursos interactivos gratuitos sobre fundos mútuos, ETFs, acções e construção de carteiras.

Skillshare (skillshare.com)
Cursos sobre noções básicas de investimento e literacia financeira ministrados por instrutores experientes.

Aplicações e ferramentas

Aplicação Yahoo Finance
Acompanhe os dados do mercado, as notícias e o desempenho da sua carteira.

Gestor de carteiras Morningstar
Analise e monitorize os seus investimentos em tempo real.

Capital pessoal
Ajuda na elaboração de orçamentos, acompanhamento de investimentos e planeamento da reforma.

Robinhood Aprender
Oferece recursos educativos gratuitos para investidores principiantes.

Plataformas Fidelity ou Vanguard

Muitas contas de corretagem têm ferramentas, calculadoras e conteúdos educativos gratuitos.

Canais do YouTube

Graham Stephan
Conselhos sobre finanças pessoais e investimentos para principiantes.

Andrei Jikh
Simplifica os conceitos de investimento, centrando-se em estratégias a longo prazo.

Joseph Carlson Show
Análises de carteiras e perspectivas sobre investimento em dividendos e em valor.

O pãozinho simples
Explica temas financeiros complexos de uma forma fácil de compreender.

Educação financeira
Dicas para navegar no mercado de acções e construir riqueza.

Próximas etapas:

Selecione um ou dois livros e comece a ler. Marque alguns

sítios Web para actualizações regulares.

Subscreva um podcast ou um canal do YouTube que esteja de acordo com o seu estilo de aprendizagem.

Considere a possibilidade de frequentar um curso em linha para reforçar a sua base de conhecimentos.

Queremos agradecer-lhe pela compra deste livro e, mais importante, agradecer-lhe por o ter lido até ao fim. Esperamos que a sua experiência de leitura tenha sido agradável e que informe a sua família e amigos através do Facebook, Twitter ou outras redes sociais.

Gostaríamos de continuar a fornecer-lhe livros de alta qualidade e, para isso, importa-se de nos deixar uma crítica na Amazon.com?

Basta utilizar a ligação abaixo, percorrer cerca de 3/4 da página e verá imagens semelhantes à que se segue.

Ficamos extremamente gratos pela vossa ajuda. Com os

nossos melhores cumprimentos,

Brian Mahoney
Publicação MahoneyProducts

Também pode gostar:

Como obter dinheiro para o arranque de uma pequena empresa: como obter muito dinheiro através de financiamento coletivo, subsídios e empréstimos do governo

https://rb.gy/9qjcv

ou

www.amazon.com/dp/1951929144

www.ingramcontent.com/pod-product-compliance
Lightning Source LLC
LaVergne TN
LVHW012032060526
838201LV00061B/4570